授業づくり のゼロ段階

[Q-U式授業づくり入門]

河村茂雄
【著】

図書文化

まえがき

　新しい学習指導要領では「確かな学力」の育成が強調され，前回（平成10年版）大幅に削られた各教科の指導内容をかなり復活し，学校現場では学力向上を目指して授業研究が盛んに行われています。

　しかし，私が全国で学級経営のサポートや研修会の講師をさせてもらって感じるのは，「精緻な授業研究の陰で，その前の段階で困っている先生方もとても多い」ということです。

　私は，授業は，学級経営，学級集団づくりにつながる活動の中心領域と考えています。

　授業は学級のすべての子どもが参加する集団活動ですから，学級集団の状態が授業展開に大きく影響します。学級集団の状態が悪ければ，せっかくの教材や指導案を生かすこともむずかしく，よい授業展開はできるはずはありません。例えば，騒がしい学級では子どもたちが集中して取り組まず，また，教師の強い指導で引き締めた学級では，静かに授業が展開されているように見えても，実は子どもたち自身の学習意欲が高まっておらず，取組みが形だけになり，学習の定着も不十分になってしまうのです。

　そこで本書は，学級に集まった子どもたちが，どんな学級状態からでも意欲的に，仲良く学び合えるようになるための，授業場面での対応のポイントを，解説しようと思います。

　本書を多くの先生方に手にとっていただき，教育実践のたたき台にしていただければ幸いです。

2010年6月

早稲田大学教育・総合科学学術院教授　博士（心理学）　**河村茂雄**

 授業づくりのゼロ段階

　　　まえがき ……………………………………………… 3

第1章　授業を充実させる知識と技術

　　　① 授業づくりで，意識されにくい前提とは … 6
　　　② 授業をどう充実させていくか ……………… 8
　　　③ 学級集団の状態を知る ……………………… 10
　　　④ 集団状態からつかむ授業の弱点 …………… 14
　　　⑤ 指導行動の癖に気づいて修正する ………… 18
　　　⑥ 授業中の指導行動のポイント ……………… 22
　　　⑦ 子どもたち一人一人が学習に向かう動機 … 26

第2章　「かたさの見られる集団」に応じる授業の工夫

　　　① このマイナス面に気をつける ……………… 28
　　　② このプラス面を支援する …………………… 29
　　　③ 対応の方針 …………………………………… 29
　　　● 授業展開の鉄則！ …………………………… 30
　　　● 教師の指導行動をチェック！ ……………… 32

第3章　「ゆるみの見られる集団」に応じる授業の工夫

　　　① このマイナス面に気をつける ……………… 36
　　　② このプラス面を支援する …………………… 37
　　　③ 対応の方針 …………………………………… 37
　　　● 授業展開の鉄則！ …………………………… 38
　　　● 教師の指導行動をチェック！ ……………… 40

Q-U式授業づくり入門

第4章 「荒れ始めの集団」に応じる授業の工夫
① このマイナス面に気をつける …………………………… 44
② 集団の動向をつかむ ……………………………………… 45
③ 対応の方針 ………………………………………………… 45
● 授業展開の鉄則！ ………………………………………… 46

第5章 授業を支える集団対応と個別対応
① 集団対応で，授業の大きな流れを形成する ………… 48
② 個別対応で，大きな流れからこぼれた子を支える … 52
③ やってはいけない個別対応 ……………………………… 56
④ 授業中の逸脱行動への予防開発的な対応とは ……… 58
⑤ 近年増えている「型なし」の教師の改善ポイント … 60

あとがき ……………………………………………………… 67

column
学級内の学力・意欲の分布から見る
授業展開の骨子……………………………………………… 62

第1章

授業を充実させる知識と技術

❶ 授業づくりで，意識されにくい前提とは

◆授業は，学級全体で取り組む集団活動 ─────────

　多くの先生方のお話を聞くと，「どう授業を深めていくか」という教科指導の専門性の悩みだけではなく，「どう一斉指導を充実させていくか」という教科指導の前提に関する悩みも，とても多いようです。

　私が感じるのは，「授業を支える学級集団づくりのスキル」が意外に周知されていない，使われていない，ということです。大学の教職課程ではあまり扱われない領域だからです。

　現在は，対人交流や集団参加の体験が少ない子どもたちが教室に集い，教師は，子どもたちを一つの集団としてまとめることがむずかしい時代です。学級集団づくりのスキルを使わなければ，学級全体で取り組む一斉授業という集団活動が，うまく展開するはずがありません。

　次の３件の授業の悩みの訴えは，私の教え子からのものです。

・教師になって８年目，良好に学級経営や授業を展開していました。ある年に，入学時から問題の多かった５年生の学級を，校長先生から頼まれて担任しました。子どもたちは，最初から，授業にのってこず，だらしない態度が目立ち，注意が多くなり，なかなか先に進みません

・学生時代に塾の英語の講師のバイトをしていたときは，授業はうまくいっており，それなりの自信もありました。実際に教師になって公立中学校に赴任したところ，そこでは授業の成立もむずかしい状態です

・進学校と呼ばれる公立高校で数学を5年教え，授業に自信をもててきたころ，中堅の高校に異動しました。そこでは，生徒たちを授業に集中させるのもむずかしい状態です

　この3人は，「ある条件を満たした学級集団」でのみ通用する授業方法しか身につけていなかったため，授業に苦戦していました。ここでいう授業方法とは，授業全体の構成や展開，指示や説明などの指導行動などです。「ある条件を満たした学級集団」とは，簡単に言うと，子どもたちが，友達と一緒に，自ら，協調的に学び合える雰囲気をもった学級集団です。

◆子どもたちの実態に合わせて，授業を展開する

　学習環境である学級集団の状態と，教師の授業方法のミスマッチがあったとき，授業は厳しいものになります。ミスマッチを防ぐには，次の2つの方向があります。

> ①建設的な集団活動が成立する学級集団の状態を成立させる
> ②学級集団の状態に合わせて授業を展開する

　②への対応，つまり，学級集団の状態に合うように授業の展開や指導行動をどう工夫していくか，と考えることが，ミスマッチ予防の第一歩です。

　それは結果的に，①への対応につながります。なぜなら，授業は学校生活の中で最も多くの時間をとる学級集団活動ですから，その改善は学級全体の状態につながっていくからです。

　ところが，②への対応は，じつはむずかしいものです。なぜなら，多くの教師は，指導行動にその人特有の癖をもっており，その部分が，学級集団の状態とマッチしないことが多いからです。本人が意識しにくい部分なので自然と良くなることは少ないです。こうして，教師の教え方と，子どもたちの実態とのミスマッチの状態は，継続してしまうことが多いのです。

❷ 授業をどう充実させていくか

◆授業の定着率が低下する要因は何か

　特定の指導行動をする教師は，授業の構成や展開にも，一定の特徴があります。そして，授業は最も多くの時間をとる学級集団活動の中心ですから，ある程度の時間が経過すると，その教師が担当する授業での学級集団の状態は，一定の状態が現出していきます。

　例えば次の状況では，子どもたちの学習の定着率はどんどん低下します。

・学級が荒れていて，授業がまったく成立していない
・騒々しい中，教師が声を張りあげてかろうじて授業の体をなしている
・教師が一方的に板書しながら説明し，静かに授業は展開しているが，子どもたちは授業に向き合っておらず，自らの学びが見られない
・冗談が飛び交い，楽しく盛りあがっているように見えるが，子どもたちの学びは深まっていない

◆授業の効果を高めるには

　いっぽう子どもたちに，友達と一緒に，自ら，協調的に学び合う雰囲気があるような学級集団では，授業は充実し，子どもたちの学習の定着率も高く，授業展開は教師の設定通りに進めやすいと言えます。

　授業をより充実させるために，教師は，「授業は，学級のすべての子どもたちが参加する集団活動である」ととらえ，「よい授業」と呼べるような集団活動が成立するように，実態に合わせて，授業の構成や展開に工夫をしていくことが必要です。

　そのためには，授業を計画・実施する際に，「『学級集団の状態に応じる』『学級集団を育成する』視点をもつ」「教師が，自分の指導行動の癖のマイナス面が固定化しないように気をつけて対応する」ことが必要です。

　そこで，最低限，次の３点を行う必要があります。

授業を充実させる「授業づくりゼロ段階」の取組み

①授業が展開される環境である学級集団の状態を適切にとらえる
②学級集団の状態に応じた，有効な指導行動を教師がとる
③学級集団の状態に応じた，有効な授業の構成，効果的な展開をする

①は，自分の思い込みが入りがちな観察法だけでは不十分です。私は，ある程度，客観的な指標の必要性を痛感し，子どもたちの学校生活での満足度と意欲，学級集団の状態を調べる質問紙であるQ-U（楽しい学校生活を送るためのアンケート，p.12参照）を開発しました。

②は，授業中の発問や指示などの指導行動のねらいを適切におさえ，集団または個人に対して，実態にマッチさせながら発揮するということです。

③は，学級集団の傾向に応じて，集団のプラス面を伸ばしつつマイナス面をおさえるような工夫を，授業づくりに盛り込むということです。

②と③の「有効な」という部分には，「集団状態にマッチしている」「集団を成熟させる働きかけになっている」「教師が自分の指導行動の癖を自覚して修正している」という複数の面があります。

◆「授業づくりゼロ段階」に対応するメリット

学級集団の状態によっては，学級集団の抱える課題，生徒指導上の問題への対応を，一部織り込みながら，学習指導を展開していく必要があります。それをしないと，授業が活性化しないばかりか，学級集団が徐々に退行して，ますます授業がやりにくい状態になってしまいます。

また，一般に学校現場で行われている研究授業は，ほとんどが良好な状態の学級集団（ルールとリレーションが同時に確立している状態，p.13参照）で行われるものです。内容がすばらしくても，その授業で用いられた授業案や指導方法は，多くの学級ではストレートにはモデルになりにくいのです。

3 学級集団の状態を知る

◆「ルール」と「リレーション」とは何か

教育環境の良好な学級集団には，ルールとリレーションの2つの要素が同時に確立していることが必要条件です。

ルールとは

学級内のルールとは，対人関係に関するルール，集団活動・生活をする際のルールで，教室に集った子どもたちにとっての共通の行動規範・行動様式です。学級内にルールが定着していると，子どもたちは，「傷つけられない」という安心感の中で活動できます。授業でも，けじめのある活発さが生まれる前提になります。学校や学級内で明文化された規則やきまりと，規範・ルールは同じではありません。子どもたち個々で自らルールに沿って行動できるようになっていることが，学級内にルールが確立しているという状態です。

「チャイム着席」の確立のレベル

3. 教師が教室にいないときでもチャイム着席している
   きまりと規範・ルールが一致している状態

2. 教師が教室に来たら，子どもたちは席につく
   教師の意図と子どもたちの欲求の折り合い点で，規範・ルールが成立している状態

1. 教師が教室に来ても，子どもたちは立ち歩いている
   教師の求めるきまりは無視され，子どもたちの共通の欲求次元で，規範・ルールが成立している状態

第1章 授業を充実させる知識と技術

リレーションとは
　リレーションとは，互いに構えのない，ふれ合いのある本音の感情交流がある状態です。学級内にリレーションが確立していると，子どもたちの間に仲間意識が生まれ，集団活動（授業，行事，特別活動など）が協力的に活発になされます。子どもたちの学び合いの作用は向上し，一人一人の学習意欲が高まります。
　「学級内に好感のもてる子もいればそうでない子もいる」としても，「同じ学級集団に所属する者同士である」という最低限のリレーションの確立が，すべての子に必要なのです

◆子どもたち個人と学級集団の実態を把握するための質問紙

　Q-U, hyper-QUは，子どもたちの学校生活での満足度と意欲，学級集団の状態を調べる質問紙です。現在，全国230万人の子どもたちが利用しています。この調査を実施することで，子ども個人の情報と学級集団の情報をもとに，不登校になる可能性の高い子や，いじめを受けている可能性の高い子，学校生活の意欲が低下している子の早期発見につなげることができます。また，学級崩壊などの問題に対応するためのデータが得られます。教師が面接や観察で得た情報を客観的に補うことができるわけです。

Q-Uの特徴

- 15分程度で実施が可能，朝の会や帰りの会で行うことができます
- 1枚の図表に学級全員分の結果を書き込むので，学級集団の全体像が一目で把握できます。つまり，「個人」「学級集団」「学級集団と個人の関係」の3つの側面を同時に理解することができます
- 年に2～3回実施して前回の結果と比較することで，その時々の教育実践の効果を確かめることができます

　Q-Uの中身は，2つのアンケートで構成されています。
　　学級満足度尺度（いごこちのよいクラスにするためのアンケート）
　　学校生活意欲尺度（やる気のあるクラスをつくるためのアンケート）
　また，hyper-QUには，上記の2つのアンケートに加えて，子どもたちの対人関係能力を測る下記のアンケートがセットされています。
　　ソーシャルスキル尺度（日常の行動をふり返るアンケート）

◆Q-Uでルールとリレーションのバランスを確認する

　このうち，学級満足度尺度の子ども個人の結果を集計用紙（座標）上にプロットして結果を見ることで，いま現在，学級集団にルールとリレーションがどのように確立しているかを知ることができます（右図参照）。

第1章　授業を充実させる知識と技術

満足 型の集団
ルールとリレーションが同時に確立している状態
　学級内にルールが内在化していて、その中で、子どもたちは主体的に生き生きと活動しています。子ども同士のかかわり合いや発言が積極的になされています

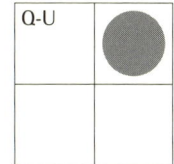

かたさ の見られる集団
リレーションの確立がやや低い状態
　一見、静かで落ち着いた学級に見えるが、意欲の個人差が大きく、人間関係が希薄になっています。子どもたちの承認感にばらつきがあります

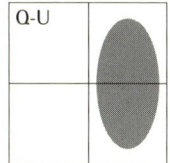

ゆるみ の見られる集団
ルールの確立がやや低い状態
　一見、自由にのびのびとした雰囲気に見えますが、学級のルールが低下していて、授業中の私語や、子ども同士の小さな衝突が見られ始めています

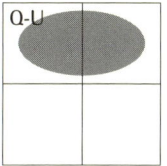

荒れ 始めの集団
ルールとリレーションの確立がともに低い状態
　「かたさの見られる集団」や「ゆるみの見られる集団」の状態から崩れ、それぞれのマイナス面が肥大化して、問題行動が頻発化し始めています

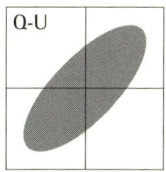

崩壊 した集団
ルールとリレーションがともに喪失した状態
　子どもたちは、学級に対して肯定的になれず、自分の不安を軽減するために、同調的に結束したり、他の子を攻撃したりしています

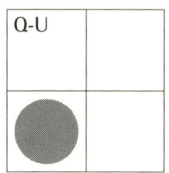

参考文献　河村茂雄　2006　Q-U入門　図書文化／河村茂雄ほか　2004　Q-Uによる学級経営スーパーバイズ・ガイド　小学校・中学校・高等学校編　図書文化

❹ 集団状態からつかむ授業の弱点

◆学習指導と生徒指導を同時に行うことが求められている

日本の学校教育は次の２つの特徴をもっています。

- 子どもたちは、固定されたメンバーで、最低一年間、同じ教室で、共同体的な集団生活・活動体験を行いながら、同時に学習指導を受ける
- 教師は、学習指導と生徒指導（ガイダンス）の両方を統合して行う

そこで、教師は、小さな社会である学級集団を形成していくなかで、学習指導と生徒指導を統合して行わなければなりません。

日本の学校教育では、学級集団の状態を良好に形成できなければ、学習指導面と生徒指導面が相乗的に悪化していってしまいます。そうなると、教師は、生徒指導、学級づくりに追われて、落ち着いて授業を展開することも、むずかしくなってしまうのです。

◆満足型集団の授業は、学習が深まりやすい

満足型集団の授業には、「子どもたち同士が自ら協調的に学び合える雰囲気」があります。

「満足型集団の授業」はここがスゴい

ア　子どもたちに、授業に取り組む際のルールが共有されていて、教師がいちいち指示しなくても活動が進められる状態にある
イ　展開にリズムがあり、子どもたちの集中力が高く、活気がある
ウ　子どもたちの発言が偏りなく多く、考えの交流が多い

このような雰囲気が学級集団にあるからこそ、教師は、授業を、教科のもつ学問的背景に沿って、子どもたちの知的関心を中心に展開できるのです。子どもたちは、教師の授業設定の下、主体的に、友達と親和的にかかわり合いながら、自らの問題に取り組んでいきます。

第1章　授業を充実させる知識と技術

満足型集団では子どもたちが協調的に学び合う

◆**満足型集団以外では，授業展開にむずかしさが生じる**

ところが，満足型集団以外では，学習指導を展開するうえで，学級集団の抱える課題，生徒指導上の問題への対応を一部に織り込みながら，進めることが求められるのです。

「かたさの見られる集団」「ゆるみの見られる集団」では，授業中の子どもたちに，私語，手遊び，発言に対する中傷，集中力の低下，グループ間の牽制により学習に素直に向かえない様子などが一部に見られます。

「かたさの見られる集団」「ゆるみの見られる集団」で適切な対応がされないと，非建設的な雰囲気が集団全体に広がり，「荒れ始めの集団」「崩壊した集団」の状態が現出します。

◆**集団状態別に見る，授業の弱点**

かたさ の見られる集団 授業の弱点

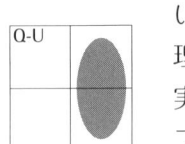

静かに授業は展開していますが，子どもたちは教師の指導に対してまったくの受身で，授業に向き合っていません。子ども同士のかかわりも少なく，教師に管理されている雰囲気があります。やがて，集団内で充実感の高い子とそうでない子が二極分化して，授業にブレーキがかかる傾向が高くあります

ゆるみ の見られる集団 授業の弱点

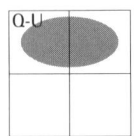

冗談が飛び交い楽しく盛り上がっているようにも見えますが，周りとの私語が多く，なれ合いの状態です。授業の盛り上がりは場当たり的，表面なもので，子どもたちの学びは深まらず，まとまった成果を得にくい状態です。やがて，ゆるんだ状態が全体に広がって，一部から非・反社会的行動が起こる傾向があります

第1章　授業を充実させる知識と技術

荒れ始めの集団　授業の弱点

「かたさの見られる集団」から変化した場合，全体に雰囲気が白け，発言する子が限定されており，全体に重苦しい雰囲気です。承認感の低い子たちには不適応傾向が見られ，逸脱や反抗行動も見られます

「ゆるみの見られる集団」から変化した場合，小グループの対立，影響力の強い子やグループの自己中心的な行動が見られ，全体での活動に時間がかかります

いずれの場合も，学習指導面以上に生徒指導面での対応の比重が高くなっており，そのための対策をしっかりしないと，授業が成立しません

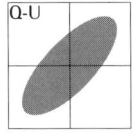

崩壊した集団　授業の弱点

学級の規律，子ども同士のかかわりが荒れていて，教師の指示に反発する子もいて，個別対応に時間をとられるうちに集団はずるずると崩れ，授業の成立がむずかしくなっています。子どもたちの目的意識が著しく低下しています

学級集団がすでに教育的な環境ではなくなっており，一人の教師の対応ではむずかしくなっています。小グループでの学習指導や，ＴＴによる対応，個別学習の比重を高めた展開など，学校内の教師チームによる組織的な対応がなければ，学習指導は成立しません

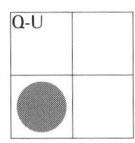

　このような学級集団の状態を受けて，教師は授業展開が学級集団の状態に合うように適切に構成されるように，指導行動，授業の内容を選定するのです。この組み合わせ方が，授業の成否，集団活動の良否を左右するのです。

指導行動の癖に気づいて修正する

◆授業の雰囲気を形成する教師側の要因 ─────────

　教師は，自分なりのやり方のなかに，自分でも意識できていないウィークポイントも備えています。そこで，自分の指導行動の癖を自覚し，マイナス面が表面化しないように対応していくことでも，理想の学級集団の状態，授業が展開できる環境をつくり出していけるのです。本書では，教師のリーダーシップのとり方に注目して，自分のやり方の延長線上で，少し意識するだけで効果が上がるポイントを，示したいと思います。

◆「指導面」が強いか「援助面」が強いか ─────────

　代表的なリーダーシップ理論であるPM理論（三隅，1984）をもとに，教師のリーダーシップを2つの機能からとらえます。

　一つは，目標達成や課題遂行の機能であるP（Performance）機能で，教師にとっては，学習指導や生徒指導の遂行に関する機能です。

　もう一つは，集団維持機能であるM（Maintenance）機能で，教師にとっては，学級内の好ましい人間関係を育成し，子どもたちの情緒の安定を促したり，学級集団自体を親和的にまとめたりする機能です。

第1章 授業を充実させる知識と技術

◆教師の指導タイプの代表的な4パターン

2機能の発揮のバランスと強弱には個人差があり，4つの代表的なパターンがあります。

> Pタイプ　▶　M機能の発揮が弱く，P機能の発揮が強い
> Mタイプ　▶　P機能の発揮が弱く，M機能を強く発揮する
> PMタイプ　▶　P機能とM機能をともに強く発揮する
> pmタイプ　▶　P機能とM機能の発揮がともに弱い

教師のイメージでいうと，「PMタイプ」は細やかな気遣いの中に強い指導性を併せもつ教師，「Mタイプ」は穏和で気遣いの細やかな教師，「Pタイプ」は一貫して厳しく指導する教師，「pmタイプ」は放任型教師，というところでしょう。

◆教師のリーダーシップのとり方は集団状態に影響する

Q-U, hyper-QUのデータを見ると，意識して指導行動を修正しない限り，同じ教師が担任する学級は，同じような集団状態に至ることが多いのです。

教師	Pタイプ	Mタイプ	pmタイプ	PMタイプ
学級	かたさの見られる集団	ゆるみの見られる集団	ばらばらな集団	弱いまとまりのある集団

▼「Ｐタイプ」は，こんな教師

　学習面，生活面でやるべきこと，努力すべき内容を明確にして，子どもたち全員にけじめをもって学校生活を送ることを，自らも先頭に立って求めていく傾向があります。「規律，集団活動での協調性を重んじ，意欲的に物事を明確にテキパキと進め，指導性の発揮が強い先生」というイメージです。

　よって，努力が足りないと感じられてしまう子，生活態度や活動がルーズな子，みんなと同じに行動することが苦手な子には，「厳しい教師」と受け取られる側面もあると思います。

▼Ｐタイプの教師が，注意したいポイント

・Ｍ機能を発揮する機会を増やす

　子どもたち一人一人に対する情緒面への配慮やかかわりづくりを援助する時間を多くする

・Ｍ機能を発揮するとき，子どもたちの間で温度差をつけない

　特定のリーダー，目立つ子たちだけでなく，とりたてて目立つことはない子たちに対しての，声かけや配慮を増やす

・全体に向けてだけでなく，子どもたち一人一人にＭ機能を発揮する

・Ｐ機能の発揮を懲罰意識と直結させない

「指示を聞かない子は罰する・不利益になるのも仕方ない」と考えるよりも，子どもたちが「先生は自分たちのために指導してくれている」と思えるようにＰ機能を発揮する

▼「Mタイプ」は、こんな教師
　子どもたち全体に対して大きな声をあげて叱ったりすることが少なく、一人一人に諭すように話し、ノートにも丁寧に返事を書くなど、子どもの心情に細やかに対応していく傾向があります。「子どもたち一人一人の心情面の対応を重んじ、穏やかに物事に対処していくという、援助性の発揮が強い先生」というイメージです。
　子どもとの対応では、言い分を聞くことの割合が多く、提案や譲れない部分について、相手に強く主張することが少ないかもしれません。よって、自己主張的な子にとっては、「何でも言いやすい先生」なのだと思います。また、自立的で活発な子には、少し物足りなく感じてしまうかもしれません。
▼Mタイプの教師が、注意したいポイント
・P（指導）機能を発揮する機会を増やす
　目標達成ないし課題遂行に関して指導する時間を多くする
・P機能の発揮を確実に行う
　今日だけは特別に免除するなどの例外はつくらない
・子どもとのかかわりを、情緒的援助に偏らせない
　情報的援助（自分で問題解決するにはこうしたらいいなどのアドバイス）、評価的援助（学級平均がこれくらいで、もっと練習すれば君ならプラス10点は高くなるよなどの目標設定のあるアドバイス）を増やす
・M機能の発揮に計画性をもたせる
　子どもとのかかわりやM機能の発揮がリーダーシップにつながるように、計画的に行う

6 授業中の指導行動のポイント

◆意欲・集中力が維持・促進される授業の雰囲気をどうつくるか ───

　授業づくりで気をつけなければいけないのは，どんなに教材研究をしていても，それを展開する授業の構成，リズムとテンポがよくないと雰囲気が徐々に停滞してきて，子どもたちの集中力が低下して逸脱行動をする場合が多いのです。最初は一部の子どもたちによる逸脱行動も，それが学級全体に広まると，授業の展開がむずかしくなります。そこで，教師が授業を展開する際に行う指導行動は，ふだんから洗練しておくことが求められます。

　P機能の応用である「教師の能動的対応スキル」は，教師から授業を展開させるための具体的な技術です。骨子は，子どもたちの抵抗がないよう，教師が指導したいことを子どもたちに「自らやりたい」という気にさせることです。

　いっぽうで，授業中に見られる一部の子どもたちのやる気の低下，私語などの逸脱行動は，今日の学校現場では残念ながら皆無とは言えません。「教師の能動的対応スキル」を適切に活用したうえで，なお見られる逸脱行動に対しては，M機能の応用である「子どもへの対応スキル」を活用します。骨子は，「対応した子を納得させ，行動を改めさせる」ことだけでなく，「その様子を見ていた周りの子たちにも，その個別対応の様子から，授業中に期待される行動の仕方を学ばせる」ことが必要です。

第1章 授業を充実させる知識と技術

P機能の応用である 教師の能動的対応スキル この5つをチェック!

☑ 指示
- 「何を」「どれくらいの時間で」「どのように」取り組むかを、活動の手順、参考例なども掲示しながら、具体的に示していますか
- 「やってみよう」のような勧誘的な言い方にしていますか

☑ 発問
授業中、子どもたちが「どこに興味をもつか」「どこに疑問を感じるか」を考え、言語化できていない興味や問いを発してあげていますか

☑ 提示
「子どもたちの思考を整理する・意欲を喚起する・活動の見通しをもたせる」ように板書をしたり、プリントに考えをまとめさせたり、教材を示して子どもたちの考えを発展させたりしていますか

☑ 説明
学習する内容、意義、方法を解説するとき、図表を用いたり、実物を見せたり、パソコンなどを活用したりして、子どもたちが理解し、興味・関心をもてるように展開していますか

☑ 活動の促進
意欲的に学習する子どもたちが、教室全体の多数派になるように、次のような行動をしていますか

子どもたちに回答させる
　代表的な問いを特定の子を指名して回答させ、集団全体の学習意欲の喚起につなげている

学習の成果を実感させる
　「隣同士で練習問題の丸付け」などの方法でいままでの取組みを評価させ合い、学習意欲を持続させている

個別にサポートする
　机間指導により、個別に言葉がけをしたり、個別に学習活動の援助をしたりしている

授業のルールを決めている
　「発言する人のほうを向く」「賛成する発言には拍手をする」などのルールを徹底している

ルーティンの行動を定着させる
　次の展開に入る前に必ず「いいですか」と問い、必ず一斉に「いいです」と言うなどの習慣を定着している

M機能の応用である
子どもへの対応スキル この**5**つをチェック！

☑ 発言の取り上げ

一部の意見や考えや行動を，全員の学習の意欲喚起や深まりにつなげるために，次のようなことをしていますか

繰り返す
「A君が言いたいことは，『……』『……』ということだね」という具合に，他の子たちにもわかるように，その子の発言の要点を整理して復唱している

発言内容を明確化する
「B君が言いたいことは，『……ということかな？』」という具合に，口ごもった発言を，教師が解釈して他の子たちにもわかるように伝えている

よい意見や問題を共有させる
「Cグループでは，『……』ということが話し合われていたようだけど，みんなに紹介してくれないかな」「いまの話，みんなはどう思う？」などの全体での共有化をしている

発言を尊重する
ネガティブな内容でも，「みんなもそうかな？」と全体に聞き，同意が多いようなら，「あと何分がんばろう，そしたら次は○○の取組みをするよ」という具合に，授業の構成を柔軟に変化させている

☑ 賞賛

・子どもたちの「前向きな活動」「主体的な取組み」「協調的な態度や振る舞い」「地道な活動」などを見つけて，ほめていますか
・ほめるタイミングやほめ方は，「全体の前でほめる」「個別に肩を軽く叩きながらほめる」「微笑みながらうなずいて知らせる」など使い分けていますか
・活動意欲が低下した子に，「ここまでできたね。いいよ，あともう少し」などと励ましの言葉がけをしていますか

第1章　授業を充実させる知識と技術

☑ 注意

- 「問題となる行動や態度」に対して,言葉で指摘したり,まなざしや表情で知らせたりしていますか
- 「子どもの存在や人間性」を否定しないように気をつけていますか
- 注意する場面やタイミングについて,授業の文脈によって工夫していますか

よい注意

　私語をしている子に対して,「どこかわからないかい？」と質問して注意を促す。「いまやるべきことは何かな？」と確認する。「私はこの部分を詳しく説明したいんだけど,○○さんたち,私語をやめてくれないかな」と「アイ・メッセージ」を伝える

悪い注意

　「私語をしているのはまた君か。君はやる気のない子だね」などと人格を批判する

☑ 集団の雰囲気づくり

- 授業中に,子どもたちの緊張を緩和したり,意欲を喚起・維持する言葉がけをしたりしていますか
- 教師が率先して,明るい雰囲気で語ったり,興味を示したりしていますか

☑ 自己開示

「学習内容」「背景となる問題」「子どもとの関係」などについて,一人の人間としての自分の思い,考え,経験などを子どもたちに語ることをしていますか

子どもたち一人一人が学習に向かう動機

◆学習活動を通して得られる意欲・動機 ─────────

　子どもたち一人一人が，学習に前向きに向かう背景には，それなりの思いや理由があります。ですから，授業は，「知的好奇心をどう刺激していくか」と考えて展開するだけでは不十分です。

　子どもたちが学習に向かう意欲，動機で，代表的なものは次の３つです。

> **①学ぶ内容が知的で面白い**
> 　その教科の背景にある学問そのものの面白さ，知的好奇心を喚起する内容自体です。子どもの自ら学習に取り組もうとする意欲，内発的動機を高めます
> **②学ぶ活動自体が面白い**
> 　学び方や学ぶ形態の面白さです。「漢字の暗記などが学習ゲーム感覚で面白い」「友達と競争したり，調べ学習を協同して取り組むことが楽しい」「パソコンを使うことが面白い」などです
> **③学びから得られるものがうれしい**
> 　「学んだ結果その科目の成績が上がることがうれしい」「希望校の入試に合格したい」「自分なりの目標を達成して充実感を感じたい」など，自己目標実現をめざすために学習に向かうのです

◆学習活動の前提となる意欲・動機

子どもたちを学習に向かわせるものには，さらに次の要因もあります。

> ④規範意識
> 「勉強はやらなければならないものだからやる」という社会通念のような意識です。義務感のようなものです
>
> ⑤賞罰に関する意識
> 「勉強をしないと親や教師から叱られるので，それを避けるために取り組む」「勉強をするとほめられる，もっとほめられたいから取り組む」という意識です。これは学習することが手段になっているのです

◆規範意識や賞罰意識を刺激するだけでは，いまの子は動かせない

従来，子どもが勉強する要因として①③④⑤が注目されてきており，発達段階によってその強さの順位に特徴があると言われていました。

しかし，近年の教育現場の問題は，④の低下した子が多くなったということです。同時に，⑤も現代の子どもたちはあまり気にしなくなっています。つまり，④⑤の要因を前提に，「勉強はやるべきだ。やらなければ叱る」という方法で授業を展開することができなくなってきました。

そこで，いまの子どもたちの授業への意欲を高めるには，子どもたちの実態，学級集団の状態をみながら，①②③の中で取り組みやすいところから入ることです。そして，子どもたちの①②③の要因にどう働きかけるかの工夫が，切に必要になっています。

「かたさの見られる集団」に応じる授業の工夫

 **このマイナス面に気をつける**

①学級内の学習意欲・活動量に，子ども同士の間で階層が生まれている

　リレーションの確立が低い状態で，教師が取り組むべき内容・方法，評価を明確にしていると，教師から評価されることが多い子と少ない子が時間とともに出現します。その印象が子ども同士の間にも広がることによって，学級内の階層が生まれやすくなります。その結果，社会的地位の高い子は意欲的になりますが，低い子は徐々に意欲を低下させていきます。

　こうなると，教師は活動量の増える上の階層の子たちと授業を進めがちになります。そうすると，やがて下の階層の子は形だけ授業に参加するようになり，徐々に非・反社会的な行動に至る可能性が高まっていきます。

②失敗することをおそれ，発言や発表が少なくなる

　大きなトラブルは少ないものの，子ども同士の関係は表面的なものになっています。その結果，子ども同士の間で，「お互いのよさを広く認め合おう」という雰囲気が生まれません。こうなると，子どもたちは失敗を恐れ，全体に発言が少なくなり，できる子だけが発言するようになります。

③教師に指示されたことだけをやるようになる

　リレーションの確立が低い状態で，教師から取り組むべき内容・方法，評価を明確に示されると，「自分なりにやってみよう」よりも「先生に言われたとおりに失敗せず取り組もう」という意識が生まれやすく，その結果，学習活動は受け身であることが基本になっていきます。

第2章 「かたさの見られる集団」に応じる授業の工夫

❷ このプラス面を支援する

・私語なども少なく授業は静かに行われている
・授業の展開もシンプルで明確になり，授業は整然と行われている
・教師の指示が受け入れられる状態になっている

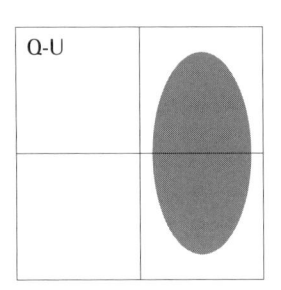

❸ 対応の方針

　これまで，教師の指導行動の傾向として，p.26 〜 27に示した「④規範意識」「⑤賞罰に関する意識」に働きかける比重が高かった面があると思います。
　そこで「①学ぶ内容が知的で面白い」「②学ぶ活動自体が面白い」「③学びから得られるものがうれしい」を子どもたちに十分感じさせることの比重を高めていきます

「かたさの見られる集団」でやることはこれ！
　①子どもたちの活動量・自己表現を促進する
　②すべての子が認められる場面を設定する

授業展開の鉄則！ かたさ の見られる集団

【鉄則１】ほとんどの子が取り組みやすいことからスタートする

子どもたちから「やらされている」「仕方なくやっている」というイメージを払拭することが大事です。

・最初の課題に取り組ませるときに，やり方を詳しく，具体的に説明し，これならできそうだと思えるレベルから取り組ませる
・取り組ませる前に，課題のおもしろさを説明する
・課題の導入に興味を喚起することを盛り込む（具体物や資料を見せる，こぼれ話をする，教師の失敗談を語るなど）
・できる子どもだけがわかるような発問をしない

【鉄則２】ワンパターンの授業展開にしない

一単位時間をいくつかの要素で構成して，授業にリズムとメリハリをもたせ，意欲の低下を防ぎます。

・講義形式の中に，活動型の授業展開を意識的に導入する（班での調べ学習，グループディスカッションなど）
・ゲーム的要素を取り入れ，活動する楽しさ，友達とかかわる楽しさを体験させる（漢字ビンゴ，友達の作成した問題を解く，失敗するまで読み続ける音読など）
・作業的活動を取り入れる（短時間で練習問題に取り組ませる，教科書の要点を書き写す，穴あきプリントに要点を埋めさせるなど）
・パソコンなどのＩＴ機器を用いて活動する場面を設定する

【鉄則3】すべての子が認められる場面を設定する

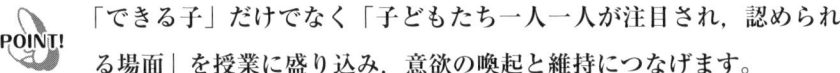
「できる子」だけでなく「子どもたち一人一人が注目され，認められる場面」を授業に盛り込み，意欲の喚起と維持につなげます。

・子ども同士で認め合う場面を設定する（小グループで活動した内容をチェックし合う時間をとるなど）
・結果だけではなく，発想の面白さ，地道な努力など，多様なチェック項目を事前に作成して，隣同士，小グループで評価し合う場面を設定する
・全体では，できた子どもだけではなく，地道に取り組んだ子，ユニークな取組みをした子などを，多面的に評価する

【鉄則4】机間指導をしながら，目立たない子に個別に言葉がけをする

子どもたち一人一人に「あなたを見守っていること」を言葉にして伝えることが，学習意欲の喚起・維持につながります。

・「丁寧にノートをとっているね」「しっかり問題に取り組めているね」など，ふつうの小さながんばりに対しても個別に言葉がけをする
・「あと10分がんばろう」「わからないところはないかな」など，個別に励ましの言葉がけをする
・「いい考えだね，みんなに発表してくれないかな」という具合に，子どもたちの考えを引き出すようにする

【鉄則5】授業の中で教師個人の思い・考えを自己開示する

「失敗しても最悪ではない。やらないで悔やむことが最も寂しい」ことを身をもって理解させることで，学習活動を活性化します。

・教師自身の失敗談，学習面で苦戦したことなどを積極的に自己開示する
・チャレンジする意義を，場面をとらえて具体的に説明する

指導行動をチェック！  かたさ の見られる集団

 教師の能動的対応スキル

発問
- ☑2, 3割の「できる子」たちだけに向けた発問が，多くなっていませんか
- ☑正解を答えさせるような発問が，多くなっていませんか
- ☑ユニークな考えを引き出すような雰囲気の発問ができていますか

指示
- ☑指示する口調が，命令形になっていることが，多くなっていませんか
- ☑指示する内容が，単調なもの，子どもたちの興味を十分喚起できないままの内容になっていることが，多くありませんか
- ☑指示した内容を，できない子どもが2割を超えていませんか
- ☑「できない子」への個別対応の用意は事前に準備できていますか

説明
- ☑教科内容を淡々と解説するだけの一本調子になっていませんか（例えば，説明する内容は，十分噛み砕かれていますか，具体例が含まれていますか）
- ☑説明したことが理解されているかどうか確認していますか。また，よりわかりやすく説明する例，補足プリントの用意はできていますか
- ☑説明の中に子どもたちの興味や関心を喚起する内容が含まれていますか

提示
- ☑授業の過程で，板書を活用して，子どもたちの理解や疑問点や考えを整理する時間を確保していますか
- ☑レベルや興味に沿ったプリントや教材などの課題を用意していますか
- ☑わからない子たちが劣等感を抱かないような言葉がけ，学習内容の準備がなされていますか

活動の促進
- ☑多くの子が発言できる，認められるような場面設定を取り入れていますか（「机間指導で目立たない子の考えを集め，全体に紹介する」などの展開を意識して取り入れていますか）
- ☑集中力や意欲の低下した子に対して，注意・叱咤する対応だけが，多くなっていませんか（例えば，見通しを説明する，できたことはほめるなど，承認したり励ましたりする言葉がけを，意識して行っていますか）
- ☑全体への説明，指示，提示の割合が多くありませんか（グループ活動を取り入れ，子ども同士の学び合い，認め合いの場面を設定していますか）

子どもへの対応スキル

発言の取り上げ
- ☑発言を取り上げる対象が、勉強のできる子、学級のリーダーの子など、一部に偏っていませんか
- ☑学習のできない子のつぶやきレベルの発言も大事に取り上げ、全体の流れに生かそうとしていますか
- ☑まとまりのない発言に対して、「何が言いたいんだ？」「ちゃんと話しなさい！」と叱責口調で応答していませんか。また、まとまりのない発言に対して、他の子たちにわかるように教師が要点を整理したり、教師が解釈して他の子たちにわかるように伝えてたりしていますか

賞賛
- ☑できていることへの賞賛よりも、一部のできていないことへの注意が多くなっていませんか
- ☑目立たなくても、ふつうにできている子に対して、その取組みを認める言葉がけをしていますか（賞賛をする対象が、一部の「できる子」に偏っていませんか）
- ☑賞賛する内容が、成果や結果に偏っていませんか（プロセスにも注目して、努力を認める言葉がけをしていますか）

注意
- ☑逸脱行動をしている子に対して最初から叱責口調で対応していませんか
- ☑逸脱行動をしている子に対してみんなの前で厳しく叱責していませんか
- ☑繰り返し逸脱行動をする子に対して，事情を聞いたり，対応を一緒に考えたりする，個別の時間をまめにとっていますか

集団の雰囲気づくり
- ☑子どもたちへの対応が，一本調子や単調なものであったり，「教師役割だけの対応」になったり，堅苦しいものになったりしていませんか
- ☑子ども同士で話し合いをさせるときなどは，少々の脱線は大目に見ていますか
- ☑子どもの意欲を喚起するような，ほめ言葉，励ます言葉，認めるまなざし，を意識して発していますか

自己開示
- ☑授業内容に関して，一人の人間としての思い，自分の失敗談などを飾らずに話すことがありますか
- ☑「お，いいね」「すばらしいね」など，感情表現を発していますか
- ☑自分の成功談，説教を，長々と話しすぎることはありませんか

第3章 「ゆるみの見られる集団」に応じる授業の工夫

❶ このマイナス面に気をつける

①なれ合いの状態が生まれやすく，学習意欲・活動量が低下しやすい

　授業展開のルールが確立されておらずリズムがないので，私語，手遊びが多くなり，学習に集中できない場面が出現しやすくなります。その結果，「学習活動への取組みが遅い」「役割活動に責任感が伴わず成果もいまひとつ」になり，子どもたちの意欲は徐々に低下します。

　こうなると，もともと意欲の低い子はだらけた状態で授業に参加するようになります。また，もともと意欲が中程度の子も，周りのゆるんだ雰囲気に影響されやすく，授業に集中しない傾向が強くなっていきます。

②子ども同士が小グループで固まり，授業の展開に支障をきたす

　人の意見をしっかり聞けなかったり，冷やかしたりが多く，子どもたちは傷つくことを避けるため，小グループを形成するようになります。こうなると，自己主張の強い子や発言力の大きい小グループが自己中心的な発言をするようになります。やがて，グループ対立が起こり，全体の活動に支障をきたすようになります。

③場当たり的な活動になりがちで，まとまった成果を得られない

　学習に集中できない雰囲気が学級全体に広まると，学習活動が深まらず，子どもたちは表面的な活動や揚げ足とりなどで授業時間を空費するようになります。その結果，いくら活動してもまとまった成果が得られず，子どもたちは「活動をやった」という実感がもてなくなります。

第3章 「ゆるみの見られる集団」に応じる授業の工夫

❷ このプラス面を支援する

・教師に対して緊張することが少ないので，自己表現しやすい
・感情表出もしやすいので，授業は明るくにぎやかに行うことができる
・教師に意見や考えを言いやすい状態になっている

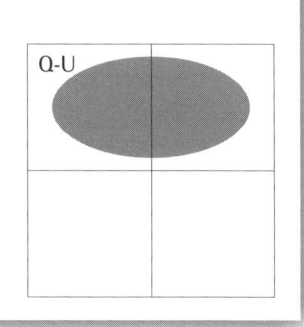

❸ 対応の方針

　これまで，教師の指導行動の傾向として，p.26～27に示した「②学ぶ活動自体が面白い」をめざし，「④規範意識」「⑤賞罰に関する意識」への働きかけの比重を弱めた面があると思います。

　そこで，授業環境を引き締めながら，「①学ぶ内容が知的で面白い」「③学びから得られるものがうれしい」を子どもたちに十分感じさせることが必要になっています

「ゆるみの見られる集団」でやることはこれ！
①規律ある学習活動の楽しさを体験させる
②規律ある学習活動の展開を習慣化させる

授業展開の鉄則！ ゆるみ の見られる集団

【鉄則1】授業に参加し活動するためのルールを定着させる

POINT! 「みんなで活動する際にはルールが必要であること」を意識化させるには，短時間の意識化を繰り返し行うのがコツです。

・活動する際に，事前に短くルールの確認をする，最後にルールに沿って活動できたかの評価をする
・ほめる形でルールの定着を促進する（できない子どもを注意するのではなく，きちんと取り組んでいる子をほめることで，その行動・態度を周りの子たちにモデリングさせ，その数を増やしていく）

【鉄則2】短時間で指示が通るような工夫をする

POINT! 「何をやるのか，どのように取り組むのかがわからないと，子どもたちは意欲を低下してしまいます。

・最初に，学習の「内容・目的・方法」をきちんと意識させておく。
・説明を短くし，やり方のモデルを示したり，一目でやり方がわかる掲示物や完成品を見せたりする
・言葉による説明（聴覚），カードによる方法の提示・やり方も書かれたプリントの活用（視覚）などの複数の指示方法を同時に活用する
・単純で簡単な方法での学習活動の展開をする

【鉄則3】型の設定，ルーティンの活動を取り入れた授業の構成をする

POINT! 授業構成に「型の設定」「ルーティンの活動」を取り入れ，展開にメリハリとリズムをつくり，ゆるんだ雰囲気を払拭します。

・新出の英単語，漢字，公式などを説明したら，その後はそれを定着させる練習問題を5題やる，などという型を定着させる
・いい発言，同じ考えには拍手するなど，ルーティンの行動を定着させる

・最初と最後をしっかりする。「だらだらスタート，尻切れトンボで終わる」形にしない

【鉄則4】時間を設定し，一つの活動をやり切らせる

POINT! 「本時はこれをやった」と意識させることで，授業に参加する意識と意欲，集中力を向上させていきます。

・時間を設定し，単純な活動をやり切らせる
・事前に取り組む範囲を示し，全員にやり切らせる
・やり切れる内容を組み合わせて，一単位の授業を構成する
・授業の終わりに，本時の学習のポイント，取り組んだことを，教師が子どもたち全員と確認する
・成果を形にして見せ，子どもたちに努力を実感させる（作品などをデジカメで撮る，取り組んだプリントをきれいに綴じておくなど）

【鉄則5】子どもたちとは，少し広めの心理的距離をとる

POINT! 「休み時間と授業時のけじめ」を教師が身をもって示し，なれ合いを払拭し，規律ある学習活動の展開を習慣化させます。

・授業中に子どもたちから個人的な発言があっても，個人的に答えず，教師役割で丁寧語で受け答え，巻き込まれない
・最初と最後のあいさつをしっかり行う
・発言のルールを守っている子の意見だけを取り上げる

指導行動をチェック！　ゆるみ の見られる集団

教師の能動的対応スキル

発問
- ☑「教師の発問に対して子どもはどう答えるか」というひな形を、子どもたちに定着させる取組みをしていますか（例えば、「ルールを守って挙手している子たちを差しおいて、指名されていないのに勝手に答えた子の発言で授業を進めること」が、ときどきありませんか）
- ☑日常の会話の延長ではなく、少しあらたまった丁寧な言葉で発問していますか（例えば、子どもたちを十分教師にひきつけて、話を聞く姿勢を整えてから発問するようにしていますか）
- ☑授業内容から脱線した発問の割合が、多くなりすぎていませんか

指示
- ☑「何を」「どのように」「どのくらいの時間でやるのか」を、具体的に明確に示していますか（活動中も、3要素を常に意識できるように、板書しておくなどの対応を意識して取り入れていますか）
- ☑①文章を読んで、②登場人物の気持ちがわかる部分に線を引いて、③気持ちの変化をまとめましょう、などのように、一つの指示で複数の内容に取り組ませたり、指示が複雑になったりしていませんか
- ☑一部の子の発言で、指示した内容をすぐに変更するなどの対応が、多くなっていませんか

説明
- ☑一回に長く説明するようなことが、多くなっていませんか（例えば、事前に説明する内容について、子どもたちに伝えるべき内容を精選し、構成して、簡潔、明瞭に、話すようにしていますか）
- ☑事前にポイントを紙に書いて掲示するなど、子どもたちが集中して聞ける時間内で伝達するための工夫をしていますか
- ☑5～10分でできる、時間が余った場合に取り入れる、子どもたちが興味を示しそうな挿話、学習ゲームを事前に複数用意していますか

第3章 「ゆるみの見られる集団」に応じる授業の工夫

提示
- ☑単元の節目節目で，学習の流れ，学習の見通しを子どもたちが確認できるように，板書をしたり，まとめプリントを用意していますか
- ☑授業の中に，基礎，発展などの子ども一人一人の学習レベルに合わせた学習内容・課題（ワークシート，学習プリント，学習ゲームなど）を事前に用意して，それを組み入れた授業計画を立てていますか
- ☑パソコンを用いたりして，学習内容を発展させたり，学習内容の定着を図る一定の時間を設定し，子どもたちの集中力が低下しないように授業にバリエーションをもたせていますか

活動の促進
- ☑「最初と最後のあいさつや，『指示～活動～評価』という行動の仕方のルール」「場面転換のときに用いるルーティンの行動」を，意識して定着させるようにしていますか（例えば，「隣同士の○付けが終わったら，教師の合図で一斉に相互に『ありがとうございました』」と言う」など）
- ☑授業のルールやルーティンの行動をしっかりできている子を，意識してほめていますか。また，それらの行動を学級全体で取り組めているかを，ほめる形で定期的に意識させていますか（「今日は集中して勉強できて先生はうれしかった。みんなが授業のルールを守っていたからだね」など）
- ☑授業のルールから逸脱した一部の言動に巻き込まれることなく，その子に対しては，机間指導の際に一斉活動の流れに沿えるように言葉がけをしていますか
- ☑子どもたちの取組みがやりっぱなしにならないように，学級全体で取り組めた結果を評価して，定期的に個別に意識させることによって，子どもたち一人一人の意欲の喚起・維持を図っていますか（ノートの確認など）

子どもへの対応スキル

発言の取り上げ
- ☑発言を取り上げる対象が、自己主張的な子、目立つ子など、一部に偏っていませんか
- ☑授業のルールを守って発言している子をきちんと評価して、その発言を優先的に取り上げていますか
- ☑まとまりのない発言に対して、ユーモアだけでカバーしていませんか（例えば、まとまりのない発言に対して、他の子たちにわかるように教師が要点を整理したり、教師が解釈して他の子たちにわかるように伝えてたりしていますか）

賞賛
- ☑何が、どのようによかったのか、子どもたちに明確にわかるようにほめていますか
- ☑全体の中で、特定の子の望ましい取り組み、行動を、理由を説明しながらほめていますか
- ☑授業のルールなど、最終的に定着させたい内容を、順を追って段階的に、的を絞ってほめていますか

　　例：チャイム着席を定着させたい場合

> ①最初は、きちんとできていた数人の子どもをみんなの前でほめる
> ②できる子が多くなってきたら、「全体の半分もできるようになった」とほめる
> ③ほぼ全員ができるようになったら、「きちんとチャイム着席ができた状態で授業が始められるのはうれしい」と、全体の前でしっかりほめる

第3章 「ゆるみの見られる集団」に応じる授業の工夫

注意
- ☑小さな逸脱行動をしている子を，小さなことだからとして，見逃していませんか
- ☑授業のルールを教師が自分から破ったり，「今日は特別」という具合に，特例をつくってしまうことが度々ありませんか。逸脱行動への対応が，時によって，変わってしまうことがありませんか。子どもの言い訳に，巻き込まれてしまうことが，多くはありませんか
- ☑全体のゆるみや怠慢による授業のルール違反に対して，全体に対して，あらたまった場面を設定し，何が，どのように悪いのか，これからどのようにするのかを，簡潔に注意する場を設定していますか

集団の雰囲気づくり
- ☑一斉指導と個別対応のメリハリをしっかりつけて授業展開をしていますか（例えば，全体に説明すべきことを，子どもたちに一人一人に個別にしているようなことはありませんか）
- ☑授業に関係のない脱線が，全体的に多くなっていませんか
- ☑子どもの意欲を喚起するような，評価の視点を加味した励ましを，意識して行っていますか。子どもの気持ちだけに配慮するような，情緒的な言葉がけに偏っていませんか

自己開示
- ☑授業内容や，生き方に関係のない自己表出や，三面記事レベルの話題が多くなっていませんか
- ☑自己開示が"おちゃらけ"のような笑い話で終わるようなことが，多くなっていませんか
- ☑自分が失敗から学んだこと，苦しかったけれどがんばった経験，子どもたちに期待する学習姿勢などを，あらたまった雰囲気の中で，話してあげていますか

第4章

「荒れ始めの集団」に応じる授業の工夫

❶ このマイナス面に気をつける

①私語，勝手な行動，妨害行動が生起し，授業の進行を妨げる

　全体的に意欲と規範が低下した状況で，さらに一部の子たちの非建設的な行動が拍車をかけて，悪循環に陥る可能性が高まっています。とくに，授業がおもしろいと感じていない子たちは，非建設的な行動に同調しがちです。その結果，雑音が多く，ほとんどの子たちが授業に集中できません。こうなると，まじめにやりたい子たちも，級友の思いや目が気になって学習活動に素直に向かえない状態が生まれてしまいます。

②教師が一貫した学習活動の展開はできない

　子どもたちの非建設的な行動が急増するため，授業の展開のなかに生徒指導の割合が多くなり，学習指導に集中できにくい状態です。さらに，子どもたちは授業展開のルールを意識的に無視しているので，当たり前のことを行わせること自体がむずかしい状態です。「教師が発問して子どもが答える」形式の一斉指導は成立がむずかしくなっています。

③学習内容が定着せず，授業の進度がどんどん遅れてくる

　授業に参加しているようで真に学習活動に向かえていない子たちが増えています。そういうなかで授業を進めると，いくら授業をやっても学習内容が定着しないという状況が広がります。とくに，算数・数学などの積み上げる形の教科の遅れが大きくなっていきます。

❷ 集団の動向をつかむ

- 「かたさの見られる集団」の状態で「認められない」と思っていた一部の子たちが，不満足群に移った
- 「ゆるみの見られる集団」の状態で「傷つけられている」と思っていた一部の子たちが，不満足群に移った

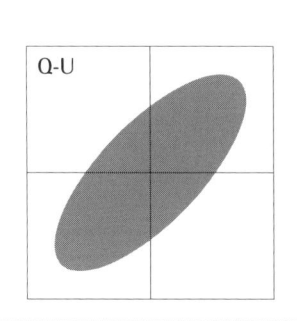

❸ 対応の方針

「かたさの見られる集団」から崩れた場合，全体に自らルールを守ろうという雰囲気はありません。教師の強い指導に反発している面があります。「ゆるみの見られる集団」から崩れた場合，「ルールが定着していない」「授業・活動などの基本的な行動スタイルが共有・習慣化していない」なかで，非建設的な行動・雰囲気が定着してきたのです。

どちらの場合も，非建設的な行動が定着しているのを打破して，並行して建設的な行動を形成・定着させていく必要があります。

「荒れ始めの集団」でやることはこれ！

① 教師の指導の正当性を確立する
② 子どもたちの個々の学習を保障する
③ 学習に建設的に取り組もうとする子が多数派になる流れを形成する

授業展開の鉄則！ 荒れ始めの集団

【鉄則１】定めた型に沿った授業の展開を行う

POINT! 子どもたちに，ルーズになってきたルールを意識させ，それに沿って行動させます。きちんと行動した事実を積み上げていきます。

・最初と最後のあいさつを型通り行う（やらない子たちがいるのは仕方がない。しっかりやる子たちが徐々に増え，多数派になることをめざす）
・ルールに沿った行動を短くほめる形でルールの定着を促進する（きちんと取り組んでいる子をほめ，全体にその行動・態度の定着を促します）

【鉄則２】展開はシンプルに，学習内容，やるべきことは明確にする

POINT! 学習態度が少し悪くても，とにかく最後までやり遂げさせ，「やらなければならない」という規範意識をもたせます。

・一斉の説明を短くする，モデルを示す
・やるべきことがひと目でわかるように，言葉による説明（聴覚）は短くして，カードやプリントによる方法の提示（視覚）を確実に行う
・具体的な一つの指示で一つの学習活動をするという展開にする
・事前に取り組む範囲を示し，全員にやりきらせる
・やり切れる内容を組み合わせて，一単位の授業を構成する
・サボる子には，無視や厳しく注意するのではなく，少し事務的な（教師が感情的にならない）感じで，取り組むことを粘り強く促す

【鉄則３】学習内容を保障するために，個別学習の比率を高める

POINT! 達成事実の積み重ねが習慣化につながります。一人一人，とくに，まじめにやろうとしている子の学習を保障することが大事です。

・子どもの学力，意欲の差に応じた数種類の学習プリントを用意し，個別学習の比重を高めた展開にする

- 個人で，短時間でやりきれる内容を組み合わせる
- 作業的活動を取り入れる（短時間で練習問題に取り組ませる，教科書の要点を書き写す，穴あきプリントに要点を埋めさせるなど）
- 取り組んだ内容，積み重ねが一目でわかるように，取り組んだプリントを個別にファイリングしたり，評価カードをファイリングする
- 問題数の少ないワークシートを用い，枚数をこなして達成感をもたせる

【鉄則4】丸付けなどをプラスの言葉がけと共に，個別に行う

POINT! 一人一人の学習活動を見守っていることを伝え，指導の正当性を個別に確立していきます。

- 机間指導をまめに行い，学習活動の取組みを個別に支えていく
- 「あと10分がんばろう」などの言葉がけ，ヒントを与えるなどのサポートを，机間指導をしながら個別に行う

【鉄則5】逸脱行動をする子に巻き込まれない（Mタイプ先生の鉄則）
　　　　　逸脱行動をする子を深追いしない（Pタイプ先生の鉄則）

POINT! 逸脱行動に見てみないふりをすること，個別対応に時間をとられすぎて，一斉授業に支障をきたすことは避けましょう。

- 軽く注意をして学習することを促し，変化が見られない場合は，休み時間に個別に話を聞くことを本人と約束したり「いまは一斉授業を進めたい」ときちんと本人に説明したりして，授業中は様子を見守る
- 教師の気を惹こうとするような行動には，「それで気持ちが済んだ？」「気持ちが落ち着いたらプリントをやりなさい」という具合に，子どもの感情面に焦点をあてながら，学習活動に取り組むことを促します
- 教師一人では対応がむずかしい場合は，チームで連携する

第5章 授業を支える集団対応と個別対応

❶ 集団対応で，授業の大きな流れを形成する

◆授業を「よい集団活動」として成立させることが大事

　先生方にカウンセリングや学級経営のコンサルテーションをするなかで，授業についてもアドバイスを求められます。そこで，私は，「授業は学級のすべての子どもたちが参加する集団活動である」ととらえ，「よい授業」と呼べるような集団活動が成立するように，アドバイスしています。

　私のアドバイスの中身は，学級集団づくりのスキルを応用し，授業で，子どもたちが意欲的に，仲良く学び合えるようにするために，集団として，まとまる，集中する，活動する，ためのスキルです。

　授業では，授業の構成，展開のリズムとテンポがよくないと，子どもたちの集中力は低下し，逸脱行動をする子どもが出てしまいます。

　さらに，「わかった人いますか」などという何を答えていいのかわからない発問や，子どもが次に何をしてよいかわからない指示を出していたりすると，子どもはつまらなくなって逸脱行動をする場合が多いのです。

　そして，集団活動として低調な授業が何回か続くと，その学級集団は，授業が成立しないような状態に至ってしまうのです。

　逆に，最初は私語があったり，取組みに意欲を見せない子どもがいたとしても，活動がテンポよく展開し，学習内容がおもしろくなり，次第にその活動に熱中してくれば，私語などはなくなってくるものです。

第5章 授業を支える集団対応と個別対応

◆**授業が充実するための要素**

　私は,「よい授業」とは,次のような要素が豊富に内包されている集団活動だと思います。

・子どもたち一人一人の学習意欲が,高まっている
・学習内容が深まる教材が準備され,活用されやすくなっている
・授業展開は,学習内容が整理,定着,発展されるようになっている

　以上に加えて,学級集団が子どもたち一人一人に,次のようなプラスの影響を与えていることが大事です。

●**子どもたち同士で,意欲を喚起し合っている**
　建設的なアイディアがどんどん表明され,子どもたち同士で個々の学習意欲を喚起し合っている

●**子どもたち同士で,意欲を維持し合っている**
　「『その考え面白いね』など友達の取組みをプラスに受け入れる言葉がけ」「『おしい』『ひっかかる複雑さがわかったよ』など間違いを受容し再チャレンジにつなげるような言葉がけ」を子ども同士で自然と発し合いながら,個々の学習意欲を維持し合っている

●**子どもたち一人一人が,モデル学習を行っている**
　「友達の意欲的な取組みを真似し合う」「わからないところを教え合う」などの学び合う雰囲気があり,個々の学習活動が発展している

●**子どもたち一人一人が,活動に建設的に取り組む習慣がある**
　「てきぱきと集中して取り組む」「教師に言われなくても定められた課題に自主的に取り組む」など学習活動に建設的に取り組む習慣が,その学級ではあたりまえの雰囲気になっている

◆授業を支える集団対応のスキルを磨く

　たくさんの「よい授業」を参観すると，共通点が見えてきます。
　まず，「よい授業」は，周りから見ると，授業を受ける子どもたちの行動，態度，かかわり合いに，次のような状態が観察されます。

> ア　子どもたちに，授業に取り組む際のルールが共有されていて，教師がいちいち指示しなくても活動が進められる状態にある
> イ　展開にリズムがあり，子どもたちの集中力が高く，活気がある
> ウ　子どもたちの発言が偏りなく多く，考えの交流が多い

　次に，「よい授業」を展開している先生方の取組みを見ていると，次のような傾向があることがわかります。

> ・ア，イ，ウができる子どもたちが，学級の多数派になるようにリーダーシップをとっている
> ・授業の構成や展開の仕方に，ア，イ，ウを満たす大きな流れを形成している

　そのために必要なのが，教師の側からなされる授業を展開させるリーダーシップの発揮である「教師の能動的対応スキル」であり，それが適切に発揮されているかの吟味が，教師に求められるのです。
　さらに，このスキルに関して，すべての教師は自分なりの型をもっています。その自分なりのやり方のなかに，意識できていないウィークポイントも含まれているのです。
　　「教師の能動的対応スキル」発揮の弱点をチェック　p.32, 40

MEMO

❷ 個別対応で，大きな流れからこぼれた子を支える

◆授業中の個別対応は，周りの子どもへの影響も大きい ─────

　集団対応をしたうえでなお，逸脱行動などが見られる場合には，カウンセリングの知見を応用した「子どもへの対応スキル」を適切に活用します。

　該当する子どもへの対応の如何は，その子どもだけの問題にとどまらず，その様子を観察している学級全体の子どもたちにもプラスにもマイナスにも影響を与えます。授業中の個別対応には注意深さが求められます。

　授業のなかで行われる一部の子どもたちへの個別対応を成功するには，次の2点の両方を満たすことが求められます。

> ①対応を受けた子どもが納得し，行動を改めた
> ②①の様子を周りで見ていた学級全体の子どもたちが，教師が行った個別対応に納得し，その個別対応の様子から期待される行動の仕方を学んだ

　このスキルに関しても，すべての教師は自分なりの型をもっています。自分のやり方のなかにある，意識できていないウィークポイントをチェックしましょう。

　　　「子どもへの対応スキル」発揮の弱点をチェック　p.34，42

◆子どもの感情に巻き込まれないための手段をもつ ─────

　授業中の反抗を伴う逸脱行動は，教師にとっては，自分の存在や指導性を子どもから否定されたように感じられ，怒りや悲しみなどの強い感情が込み上げてきます。その結果，冷静さを欠き，対応に問題が生じます。

　子どもの感情に巻き込まれ，教師までもが感情的になってしまうことが一番の問題です。感情的になってしまうと，教師は子どもを援助するためではなく，自分を助けるために動くようになります。

教師は，自分の心理状態をチェックできるくらいの余裕を確保する手段を用意しておくことが必要です。
　そして，その場で，一番いい形で問題を解決しようと焦ってはいけません。このような場合，時間をかけた対応が必要となる場合が多いからです。

◆**その場に適切な対応をとり，授業場面外の対応につなぐ** ─────────

　いっぽう，逸脱行動をスルーするわけにはいきません。そこで，その授業場面で，その子がそれ以上の逸脱行動をしなくなるための，その子の自尊心が傷つかないような適切なかかわり方をして，その場の問題を大きくせず，授業場面から「個別の対応」「時間をかけた対応」へ，スムーズにつなげることが必要です。

　あとで個人的に話す時間を設定することなどを本人に伝え，いまは作業を続けることを促します。もし，その子がその指示に従わなくても，それ以後は深追いはせず，気持ちが落ち着いたら取り組むように指示して，教師は学級全体に向けた授業のほうに向かいます。

　このように，教師は，子どもの感情に巻き込まれず，子どもを深追いしないように，簡潔に，毅然と，個別対応をすることで，対応の様子を見ていた周りの子どもたちも，教師の指導に納得するのです。

授業中の個別対応Q&A

Q 子どもの反抗的な言動に巻き込まれないコツを教えてください

A まずは間をとることです。例えば，用意しておいた「自分が冷静さを取り戻すためのセリフ」を言います。「先生も一人の人間だから，いまの一言はちょっと傷ついたな」などです

Q 授業中の逸脱行動をスルーしない対応のコツを教えてください

A 「あとで補習の時間を用意すること」「放課後に個人的に話す時間を設定すること」を本人に伝え，いまやるべきことを指示します。それで指示に従わなくても，気持ちが落ち着いたら取り組むように伝えるのみにして，教師は一斉授業に向かい，様子を見守ります

Q 個別対応に失敗することが多いのですが，アドバイスをください

A Pタイプの教師は，子どもに語りかけるとき，教師自身の考えの押しつけになっていないか，圧迫的，強迫的になっていないか，に注意しましょう。また，反抗を伴う逸脱行動に対しては，売り言葉に買い言葉を投げつけるような対応になっていないかを考え，周りの子からの信頼を低下させない注意が必要です。

Mタイプの教師は，その場の問題を大きくしない対応は大切ですが，その場に適切なかかわり方になっているかどうかを中心に考えるように注意しましょう。また，反抗を伴う逸脱行動に対しては，「ひたすら穏やかに子どもの言い分を聞く」「子どもの感情的な暴言対してひるんで何も言わない」等の対応があると，周りの子からの信頼も低下してしまいますから，注意が必要です。

MEMO

３ やってはいけない個別対応

◆例１：中途半端に対応して，あきらめた

　授業中にマンガを読んでいる子に注意をしたら，「うるせー，こんな授業はつまらねえんだよ」と罵声を発しながら興奮した。

　そこで，これ以上注意しても無駄だと思ったので，その子の逸脱行動を放っておいた。

　以後，学級の子どもたちは教師を「ナメる」ようになり，教師は指導性を発揮できなくなり，授業の成立もむずかしくなってしまった。

行動・状況の理解

該当する子は教師の対応に納得せず，逸脱行動を継続させています。周りの子も教師の指導力が低いと感じ，その教師への信頼感を低下させました。この教師の場合はすごめば勝手な行動も通ることを学んでしまったのです

◆例２：「小さなルール違反」はあえてスルーした

　授業中にマンガを読んでいる子がいたが，「とりあえず様子を見よう」と思い，無視して授業を進めたので，授業は計画通りに遂行できた。

　以降，徐々に逸脱行動をまねする子が増えてきて，それをきっかけに授業のルールが全般的に守られないようになってきた。

行動・状況の理解

該当する子が逸脱行動を継続するだけでなく，それを見ている周りの子も「この先生は逸脱行動をしても叱責しない」と学び，授業のルールがゆるみ，逸脱行動を真似する子どもが出てくる可能性が高まってしまったのです

◆例3：集団対応が疎かになってしまった

　授業中にマンガを読んでいる子がいたので，授業を中断して注意をしたところ，その子はマンガをしまい，「もうしない」と約束した。

　しばらくすると，私語を始めた2人組がいたので，再び授業を中断して2人を注意したところ，納得して行動を改めた。その後も，このような個別対応が何度か続いた。

　徐々に子どもたちの集中力が切れ，教室内で小さなざわつきが増えた。

行動・状況の理解

該当する子は自分の問題に教師が正対してくれるので，納得できる対応を受ければ逸脱行動は改まるでしょう。周りの子たちもその対応に納得できれば，期待される行動の意義と仕方を学べるでしょう。ただ，このような状況が度々起こると，その都度，授業は中断され，子どもたちの学習に向かう集中力が徐々に低下し，新たな問題が発生してきます

◆例4：逸脱行動に対して怒鳴りつけた

　授業中にマンガを読んでいる子に，「いますぐやめろ！」と大声で怒鳴りつけたら，子どもはすぐにマンガをしまった。

　以降，教師との接し方にかたさが見られるようになってきた。

行動・状況の理解

いまの子どもたちは，「規範意識」や「賞罰に関する意識」がとても低下しています（p.26参照）。強い叱責を受けることで，周りの子も含め，感情のしこりが他の面に転移したり，教師に対する恐怖感が高まって教師に心を開かなくなったりします

❹ 授業中の逸脱行動への予防開発的な対応とは

◆逸脱行為が拡散しないための事前策をとっておくことも大事 ───

　授業の展開がむずかしくなるのは，集中力や学習意欲が低下した一部の子どもたちの私語や逸脱行動が，徐々に学級全体に広がり，個別対応にかなりの時間を割かなければならなくなるときです。

　このような状態に陥ってしまうのは，次の要因が背景にあります。

> ①「集中力や学習意欲が低下しがちな子」たちに対して，全体の中でのサポートの対策がしっかりとれていない
> ②「一部の逸脱行動に同調しがちな子」たちへの対応がしっかりできていない

◆「集中力や学習意欲が低下しがちな子」への事前の対応 ───

「①集中力や学習意欲が低下しがちな子」は，次の傾向が考えられます。

　・授業の内容がわからない
　・授業の内容がおもしろくないとすぐに逸脱する傾向がある
　・枠にはまった環境にいることが苦痛である
　・自分に注目してもらいたい
　・教師との関係そのものが嫌である
　・教師のうろたえる行動を見るのがおもしろい

　これらの要因を考えれば，逸脱行動への対応は，その場を乗り切るだけでは終わりにできないし，その場だけで対応しきるのもむずかしいのです。そこで，事前に次の対応をしておくことが求められます。

第5章　授業を支える集団対応と個別対応

◎ふだんからその子どもとの関係性を少しでも良好に構築することに努め，要因を明らかにしておく。必要なら個別対応をしておく
○要因に沿った個別課題を用意しておく
◎要因に沿った個別対応の仕方を考えておく

◆「一部の逸脱行動に同調しがちな子」への事前の対応

「②一部の逸脱行動に同調しがちな子」は，次の傾向が考えられます。
・集中力・学習意欲が低下している
・授業のルールを遵守する意識が低下している

そこで，事前に次の対応をしておくことが求められます。

○リズムやメリハリのある授業の構成や展開にしておく。漢字練習に10分取り組んだら，隣の人と問題を出し合う形でもう10分，など
・授業の構成で，次の展開に切り替わるときに，習慣化しておいたルーティンの行動を取り入れ，気持ちも切り替わるようにする
・子どもたちの興味をひきつける，その学習に関する逸話，教師の失敗談を話す（事前に複数は用意しておく）
◎想定されるルール違反や逸脱行為，それらにつられてしまうことなどを，前もって確認しておく。「幼児はね，自分ができなかったりやる気がなかったりするとき，自分の問題として考えないで，周りに八つ当たりするんだよ，そういうことをする人を，幼稚というんだよ」「自分でうまくやれないとき，周りに八つ当たりするのは幼稚な人だけど，自分からはそれをすることもできず，だれかがそうしたら，それに便乗して騒ぐ人もいるね，ちょっとずるい人だね」

❺ 近年増えている「型なし」の教師の改善ポイント

◆子どもたちに「熱心さ」が伝わらないのはなぜか

　まとまったいい学級でも、「指導」も「援助」も発揮しないpmタイプの教師が授業をすると次第に混乱していき、授業が成立しません。

　pmタイプになってしまう典型的な要因として、「①教師としての目標が低い」「②教師としての役割意識が欠如している」「③集団活動に導く基礎知識が乏しい」「④対応に一貫性がない（型なし）」が考えられます。

　近年は、④の教師が増えています。まじめに取り組み、P機能とM機能をそれぞれに発揮していても、それが子どもたちに理解されないのです。

　教師の対応が「型なし」になってしまうのは、「イ　授業展開が拡散してしまっている」「ロ　指導内容が拡散してしまっている」という２つの要因のどちらか、または、両方が存在すると考えられます。

◆授業構成を考えるとき、この視点が必要だ

「イ　授業展開が拡散してしまっている」とは、授業の構成がそのときどきの授業で変化してしまっているということです。

　授業を構成する大枠は、その学級集団である程度統一しておかないと、子どもたちが授業への参加や活動の仕方に迷うことが多くなり、集中力を低下し、次第に混乱してしまいます。その結果、授業は教師の想定から大きく外れた状況に陥ってしまいます。

　教師は、「この学級の子どもたちは、『何を』『どの程度まで』『どのように』学習することができればよいか」という学習評価の目安をもち、子どもたちがそれを達成できるように、授業をデザインする必要があります。

　次の視点を検討しながら、実態に合うように授業を構成します。

第5章　授業を支える集団対応と個別対応

「授業の型」はこうつくる！

① 「一斉指導と個別学習の比重」「グループ学習の組み合わせ方」「グループの人数」などの，[授業場面のデザイン]を意図的に行う

② 「何をどこまで教師が主導し，子どもたちが自由に考えたり活動したりする範囲をどこまで設定するのか」というような，[授業進行のデザイン]を意図的に行う

③ 「『導入・展開・まとめ』の設定，配分」「『興味の喚起に使う時間・練習問題に取り組ませる時間・気分をほぐす時間』」などの，[時間・インターバルの設定]を意図的に行う

◆「対応が一貫している」ことを重視しよう

「ロ　指導内容が拡散してしまっている」とは，結果的に子どもたちが「一貫した対応をされている」という認識がもてていない状態です。

原因のひとつとして，ある程度の指導行動のスキル，集団活動を展開させるスキルはもっていても，教師自身の感情面のムラが，毎回の対応に差を生じさせてしまうことがあります。また，教師本人は意識していなくても，「『学力の高い子』と『低い子』に対しての授業中の私語の注意の仕方が違う」「『服装のちゃんとした子』と『乱れが見られる子』との対応が微妙に異なる」と，子どもたちに思われてしまっているとも考えられます。P機能が，子どもたちにうまく伝わらないことも原因と考えられます。

より詳しい実践の仕方については，以下の本が参考になります。

『授業スキル』学級集団に応じる授業の構成と展開！
小学校編：河村茂雄，藤村一夫編／中学校編：河村茂雄，粕谷貴志編　図書文化

『学級タイプ別 繰り返し学習のアイデア』授業づくりと学級づくりの一体化
小学校編・中学校編：ともに河村茂雄，上條晴夫編　図書文化

column

学級内の学力・意欲の分布から見る授業展開の骨子

　授業を展開するとき，学級集団の中で，どのレベルの子を目安に授業を展開すればよいかが問題になります。学級の子どもたちの学力の定着度や学習意欲の高さから把握する学級集団の雰囲気に応じて，どんな課題，どんな授業形態をとればよいのでしょうか。

①正規分布
　（平均値の子たちが多数派を占める状態）
　一般的な分布で，教師用の授業の指導書も，この分布に子どもたちがあることを前提に書かれています。
　真ん中のレベルの多数派に一斉指導のレベルを定めて展開します。あとは，落ちこぼれそうな子たち，ふきこぼれそうな子たちの個別対応を事前に計画して対応していきます。

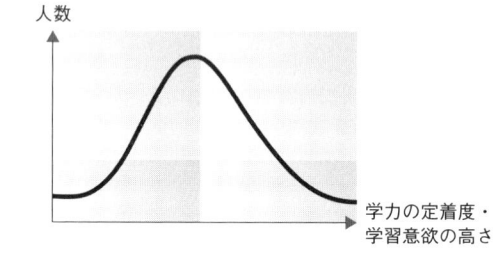

②**下方に偏った分布**
（平均値より低い子たちが多数派を占める状態）

　授業展開の工夫として，「わかりやすい説明をする」「無理なく取り組めるレベルから展開する」ことが必要です。さらに，「面白さを喚起する内容を盛り込む・学習ゲームを取り入れる」「いくつかの活動方法で授業を構成する」など集中力が途切れないための工夫が必要です。あとは，ふきこぼれそうな子たちへの個別対応を事前に計画して対応していきます。

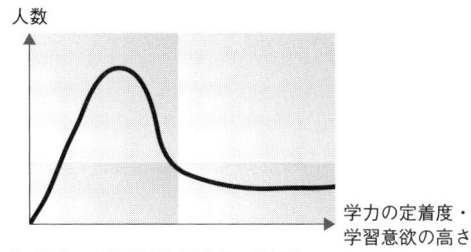

人数　　　　　　　　　　　学力の定着度・
　　　　　　　　　　　　　学習意欲の高さ

③**幅広く分散した分布**（多数派がない状態）

　真ん中のレベルに一斉指導のレベルを定めて展開していきますが，上下の子どもたちの集中力が低下しやすい状況ですから，一斉指導の時間は短めにして，あとはレベルに合わせて，学習プリントなどを活用して，個別学習の比重を高めていきます。

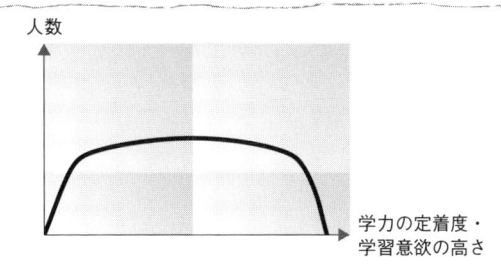

人数　　　　　　　　　　　学力の定着度・
　　　　　　　　　　　　　学習意欲の高さ

④２つの山がある分布
（平均値の子が少なく，二極化している状態）

　真ん中のレベルの子たちがとても少なく，二極分化しているわけですから，それぞれに分けて授業を展開していくことが求められます。地方の複式学級での授業のイメージで，常に２つの授業内容の準備と展開をしていきます。これをしないと，一方の集中力が低下したとき，他方にもマイナスの影響が出てしまうことになるからです。この状態になるのを防ぐために，今日では少人数指導の形がとられるのです。

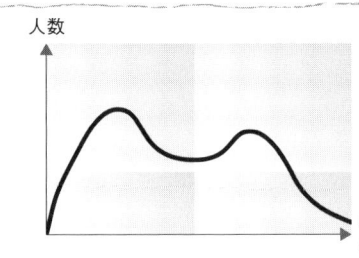

人数

学力の定着度・学習意欲の高さ

⑤上方に偏った分布
（平均値より高い子たちが多数派を占める状態）

　進学校に多く見られる状態です。平均よりもやや高めに一斉指導のレベルを設定して授業を展開していきます。展開のスピードも，やや速くなるでしょう。そうでないと全体が物足りなくなって，集中力が低下してしまうからです。あとは，落ちこぼれそうな子どもたちの個別対応を事前に計画して対応していきます。

人数

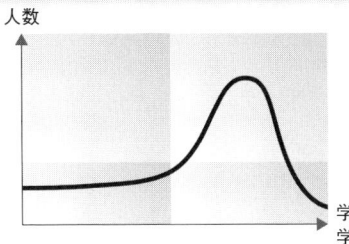

学力の定着度・学習意欲の高さ

⑥小さな下位集団がある分布
（平均値より低い子が一部いる状態）

　①の下位層に5人くらいの著しく学力の定着度・学習意欲の低い子たちがいて，全体の学習活動にブレーキをかけやすい状態です。この一部の子たちの対応に巻き込まれることで，一斉指導にマイナスの影響を受ける教師は少なくありません。

　そこで，④の要領で展開しながら，定期的に全体で取り組める作業活動などを意識的に取り入れます。そうしないと，一部の子たちは「差別された」と感じて，授業妨害などの非建設的な行動をとる可能性がありますから注意が必要です。個別対応でも，他の子たち以上の丁寧さと配慮をした言葉がけが必要になるでしょう。くれぐれも全体の中のおまけのような印象にならない展開が必要です。

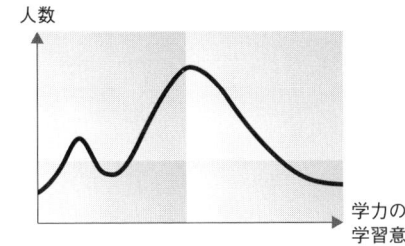

人数

学力の定着度・学習意欲の高さ

あとがき

　日本の学校教育は，学習指導と生徒指導が両輪となり，学級という集団が単位となって展開されることが特徴です。その中で，授業は最も多くの時間を割り当てられた教育活動です。この授業の時間を，子どもたちにとってより実りのある時間にするためには，「教育力のある学級集団の育成」が前提になることは言うまでもありません。

　しかし，一定の学級集団が形成されなくても，国が定めた学習内容を指導していかなければならない教師は，「学級集団の状態に合わせて，授業の展開を工夫すること」「授業という集団活動を通して学級集団を育成すること」が求められるのです。私はこの取組みを「授業づくりゼロ段階」と名づけましたが，この取組みは，まさに待ったなしです。

　子どもたちのかかわり合いの未熟さが前提となった現在の学校現場において，「授業づくりゼロ段階」の取組みは，教師の指導力の根幹を成すものだと思います。この取組みがうまくいかず，苦戦している先生方は多いのではないでしょうか。

　本書が，「授業づくりゼロ段階」の取組みのたたき台となり，親和的で建設的な切磋琢磨のある「満足型の学級集団」を基盤として学習指導が展開され，子どもたちの「確かな学力」の育成につながることを，切に願っております。

2010年8月
　一つ一つの教室で，確実でひたむきな教育実践を続けている
　全国の多くの先生方にパワーをもらいながら

河村茂雄

■著者紹介

河村 茂雄　かわむら・しげお

早稲田大学教育・総合科学学術院教授。博士（心理学）。筑波大学大学院教育研究科カウンセリング専攻終了。公立学校教諭・教育相談員を経験し，岩手大学助教授，都留文科大学大学院教授を経て，現職。日本教育カウンセリング学会常任理事。日本カウンセリング学会常任理事。日本教育心理学会理事。論理療法，構成的グループエンカウンター，ソーシャルスキルトレーニング，教師のリーダーシップと学級経営について研究を続ける。「教育実践に生かせる研究，研究成果に基づく知見の発信」がモットー。著書：『教師のためのソーシャル・スキル』『教師力　上・下巻』（誠信書房），『若い教師の悩みに答える本』（学陽書房），『学級崩壊　予防・回復マニュアル』『学級担任の特別支援教育』『学級づくりのためのQ-U入門』『データが語る①〜③』『いま子どもたちに育てたい学級ソーシャルスキル』『日本の学級集団と学級経営－集団の教育力を生かす学校システムの原理と展望－』（図書文化）ほか多数。

授業づくりのゼロ段階

Q-U式授業づくり入門

2010年11月1日　初版第1刷発行	〔検印省略〕
2023年4月10日　初版第15刷発行	

著　　者	ⓒ河村茂雄
発 行 人	則岡　秀卓
発 行 所	株式会社　図書文化社
	〒112-0012　東京都文京区大塚1-4-15
	TEL：03-3943-2511　FAX：03-3943-2519
	振替　00160-7-67697
	http://www.toshobunka.co.jp/
装　　幀	中濱健治
Ｄ Ｔ Ｐ	有限会社　美創
イラスト	絵仕事 界屋／中山　昭
印　　刷	株式会社　厚徳社
製　　本	株式会社　村上製本所

|JCOPY| ＜出版者著作権管理機構 委託出版物＞ 本書の無断複写は著作権法上での例外を除き禁じられています。複写される場合は、そのつど事前に、出版者著作権管理機構（電話 03-5244-5088, FAX 03-5244-5089, e-mail: info@jcopy.or.jp）の許諾を得てください。

ISBN978-4-8100-0576-9 C3037
乱丁・落丁本の場合はお取り替えいたします。
定価はカバーに表示してあります。

満足型学級集団の子どもたちが発揮しているスキルはこれ！hyper-QUの事後指導に！

ロングセラー図書『学級ソーシャルスキル』が**CD-ROM**で登場！

学級づくりのためのCSSワークシート集＆指導用掲示資料　ワークシート＋指導の手順（書籍よりお録）

学級ソーシャルスキル CD-ROM

CD-ROMでもっと便利に

小学校低学年	 小学校中学年	 小学校高学年	中学校
		河村 茂雄／品田 笑子／藤村 一夫 編著	河村 茂雄／品田 笑子／小野寺 正己 編著
		Windows用 本体各2,000円	Windows用 本体2,000円

「書籍のワークシートをもっと便利に使いたい」という声から生まれました

CD-ROMお薦めポイント

❶書籍のワークシートをPDFデータで収録
❷学級タイプにあったお薦めワークを紹介
❸キーワードを手がかりに（実施時期のめやす・スキルの種類 等）
❹CD-ROMだけのボーナスシート収録
❺事例や文例の書き換えが可能（一部シート）
❻拡大縮小印刷が自由自在

※CD-ROMには、書籍の2章・3章のイラストと、4章のワークシートが収録されています。

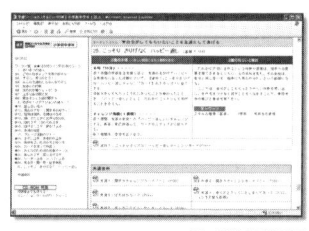

▲CD-ROMの目次画面

デモ版は弊社ホームページよりダウンロードできます。
http://www.toshobunka.co.jp/books/

大好評書籍

いま子どもたちに育てたい　考え方・セリフ付の指導案＋ワークシート

学級ソーシャルスキル

【小学校　低学年・中学年・高学年】　B5判　208頁　本体各2,400円
【中学校】　B5判　224頁　本体2,600円

学級ソーシャルスキル（CSS）とは

学級集団への参加を通じて、個を確立するためのソーシャルスキル。人間関係力を育てることで、学級がまとまり、集団体験が活性化して、学習意欲・自信・規範意識が育ちます。

ソーシャルスキルを育てる児童用教材

『みんなのやくそくノート』

河村茂雄（早稲田大学）監修
品田笑子（都留文科大学）著
児童用定価各300円　教師用（朱書き＋指導案）定価各300円

児童用教材
小学校3・4・5・6年用

『みんなのやくそくノート』は**学校直販教材**です。教材取扱店か小社営業部（**03-3943-2511**）まで直接お申込みください。

図書文化

※本体価格には別途消費税がかかります

授業づくりのゼロ段階

Q-U式授業づくり入門

2010年11月1日　初版第1刷発行　〔検印省略〕
2023年4月10日　初版第15刷発行

著　者　Ⓒ河村茂雄
発行人　則岡　秀卓
発行所　株式会社　図書文化社
　　　　〒112-0012　東京都文京区大塚1-4-15
　　　　TEL：03-3943-2511　FAX：03-3943-2519
　　　　振替　00160-7-67697
　　　　http://www.toshobunka.co.jp/

装　幀　中濱健治
DTP　有限会社　美創
イラスト　絵仕事 界屋／中山　昭
印　刷　株式会社　厚徳社
製　本　株式会社　村上製本所

JCOPY　<出版者著作権管理機構 委託出版物> 本書の無断複写は著作権法上での例外を除き禁じられています。複写される場合は、そのつど事前に、出版者著作権管理機構（電話 03-5244-5088, FAX 03-5244-5089, e-mail: info@jcopy.or.jp）の許諾を得てください。

ISBN978-4-8100-0576-9　C3037

乱丁・落丁本の場合はお取り替えいたします。
定価はカバーに表示してあります。

満足型学級集団の子どもたちが発揮しているスキルはこれ！ hyper-QUの事後指導に！

ロングセラー図書『学級ソーシャルスキル』が**CD-ROM**で登場！

学級づくりのためのCSSワークシート集＆指導用掲示資料　ワークシート＋指導の手順（書籍より抄録）

学級ソーシャルスキル CD-ROM

CD-ROMでもっと便利に

小学校低学年　小学校中学年　小学校高学年
河村 茂雄
品田 笑子
藤村 一夫　編著
Windows用
本体各 2,000円

中学校
河村 茂雄
品田 笑子
小野寺 正己　編著
Windows用
本体 2,000円

「書籍のワークシートをもっと便利に使いたい」という声から生まれました

CD-ROMお薦めポイント
❶ 書籍のワークシートをPDFデータで収録
❷ 学級タイプにあったお薦めワークを紹介
❸ キーワードを手がかりに（実施時期のめやす・スキルの種類 等）
❹ CD-ROMだけのボーナスシート収録
❺ 事例や文例の書き換えが可能（一部シート）
❻ 拡大縮小印刷が自由自在

※CD-ROMには、書籍の2章・3章のイラストと、4章のワークシートが収録されています。

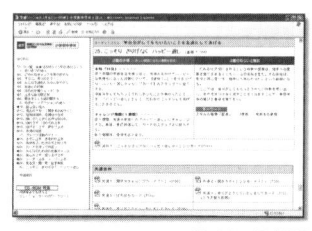

▲CD-ROMの目次画面

デモ版は弊社ホームページよりダウンロードできます。
http://www.toshobunka.co.jp/books/

大好評書籍

いま子どもたちに育てたい　考え方＋セリフ付の指導案＋ワークシート

学級ソーシャルスキル

【小学校　低学年・中学年・高学年】　B5判　208頁　本体各 2,400円
【中学校】　B5判　224頁　本体 2,600円

学級ソーシャルスキル（CSS）とは
学級集団への参加を通じて、個を確立するためのソーシャルスキル。人間関係力を育てることで、学級がまとまり、集団体験が活性化して、学習意欲・自信・規範意識が育ちます。

ソーシャルスキルを育てる児童用教材
『**みんなのやくそくノート**』

河村茂雄（早稲田大学）監修
品田笑子（都留文科大学）著

児童用教材
小学校3・4・5・6年用

児童用 定価各 300円　教師用（朱書き＋指導案）定価各 300円

『みんなのやくそくノート』は**学校直販教材**です。教材取扱店か小社営業部（**03-3943-2711**）まで直接お申込みください。

図書文化

※本体価格には別途消費税がかかります

学級タイプ別
繰り返し学習のアイデア

編集：河村茂雄・上條晴夫

- **小学校編**：漢字・計算・音読練習が10倍楽しくなる授業スキル
- **中学校編**：漢字・計算・英単語練習が10倍楽しくなる授業スキル

| 小学校編 | B5判／152頁●本体 2,000円 |
| 中学校編 | B5判／160頁●本体 2,000円 |

大好評の Q-U方式 による

すぐ使えて、基礎基本が定着する指導プラン24

"授業づくり"と"学級づくり"の一体化

よい授業は，学級の状態がカギ。「教育内容をどう教えるか」と「学級状態にどう応じるか」を融合。

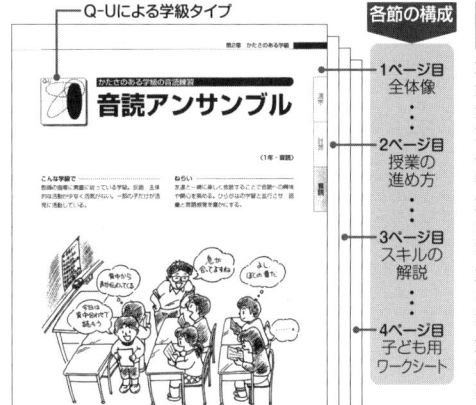

各節の構成
- 1ページ目 全体像
- 2ページ目 授業の進め方
- 3ページ目 スキルの解説
- 4ページ目 子ども用ワークシート

目次概略
※中学校編は「音読」が「英単語」になります。

第1章 繰り返し学習成功の秘訣
集団の理解を生かした授業／Q-U尺度で集団を把握する／集団の崩れ方と立て直し方／授業スキルとは／いま必要な教育技術とは／繰り返し学習で基礎力をつけるコツ／教師の熟練性

第2章 かたさのある学級
かたさのある学級の授業とは／漢字練習／計算練習／音読練習

第3章 ゆるみのある学級
ゆるみのある学級の授業とは／漢字練習／計算練習／音読練習

第4章 荒れ始めの学級
荒れ始めの学級の授業とは／漢字練習／計算練習／音読練習

第5章 まとまりのある学級
まとまりのある学級の授業とは／漢字練習／計算練習／音読練習

第6章 繰り返し学習のための授業スキル一覧

姉妹編 授業スキル

小学校編 編集：河村茂雄・藤村一夫
中学校編 編集：河村茂雄・粕谷貴志
B5判／160頁●本体 各2,300円

図書文化

※本体価格には別途消費税がかかります

河村茂雄の学級経営

学級経営についての研究を続ける著者が，学校集団制度に伴う，学校教育最大の「強み」と「危機」を浮き彫りにしながら，集団の教育力を生かす学校システムを生かす教育実践を提案します。

●入門編

学級づくりのためのQ-U入門
Ａ５判 本体1,200円+税

授業づくりのゼロ段階
Ａ５判 本体1,200円+税

学級集団づくりのゼロ段階
Ａ５判 本体1,400円+税

学級リーダー育成のゼロ段階
Ａ５判 本体1,400円+税

アクティブ・ラーニングのゼロ段階
Ａ５判 本体1,200円+税

●実践編

Q-U式学級づくり
小学校（低学年／中学年／高学年）／中学校
Ｂ５判 本体各2,000円+税

学級ソーシャルスキル
小学校（低学年／中学年／高学年）／中学校
Ｂ５判 本体2,400円～2,600円+税

ここがポイント
学級担任の特別支援教育
Ｂ５判 本体2,200円+税

●応用編

学級集団づくりエクササイズ
小学校編／中学校編
Ｂ５判 本体各2,400円+税

授業スキル 小学校編・中学校編
－学級集団に応じる授業の構成と展開－
Ｂ５判 本体各2,300円

学級タイプ別 繰り返し学習のアイデア
小学校編・中学校編
Ｂ５判 本体各2,000円

学級崩壊 予防・回復マニュアル
Ｂ５判 本体2,300円

シリーズ 事例に学ぶQ-U式学級集団づくりのエッセンス
集団の発達を促す学級経営
小学校（低／中／高）・中学校・高校
Ｂ５判 本体2,400～2,800円

シリーズ 事例に学ぶQ-U式学級集団づくりのエッセンス
実践「みんながリーダー」の学級集団づくり
小学校／中学校 Ｂ５判 本体各2,400円+税

主体的な学びを促す
インクルーシブ型学級集団づくり
Ａ５判 本体1,800円+税

図書文化